DOG

PUPPY

CHIEN

CANE

HUND

CHIOT

WELPE

HOND

D1720573

DIESES BUCH GEHÖRT:

_____

_____

_____

_____

# MEIN HUNDELEBEN

RACHAEL HALE

# INHALT

HALSBAND

NAMENSSCHILDCHEN

LEINE

KÖRBCHEN

FUTTERNAPF

WASSERSCHÄLCHEN

BÜRSTEN UND KÄMME

SPIELZEUG

GEEIGNETES WELPENFUTTER

FOTO

Dies ist mein Geburtstag

In meinem Wurf gab es insgesamt _____ Welpen

An diesem Tag bin ich nach Hause gekommen

Meine Adresse

# EINEN NAMEN FÜR MICH AUSSUCHEN

Namen, die zur Wahl standen

Ich heiße

weil

Ich bin ein/eine

_____

_____

Wir sind bekannt für

_____

_____

_____

_____

_____

_____

_____

_____

_____

_____

_____

# MEINE SCHOKOLADENSEITEN

Meine Augen sind

_____

_____

_____

_____

_____

Mein Schwanz ist

_____

_____

_____

_____

_____

Meine Öhrchen sind

_____

_____

_____

_____

_____

Mein Fell ist

_____

_____

_____

_____

_____

## GROSSVATER

Geboren in

Geboren am

## VATER

Geboren in

Geboren am

# FAMILIEN
## STAMMBAUM

## GROSSMUTTER

Geboren in

Geboren am

## MUTTER

Geboren in

Geboren am

FOTO

Ich gehöre zu

Wir wohnen in

Familienmitglieder

Andere Haustiere

Weitere Verwandte

Nachbarn

# ERWACHSEN WERDEN

BESONDERE MOMENTE

# GEBURTSTAGE

Jahr

Geschenke

Meine Partygäste


Jahr

Geschenke

Meine Partygäste


Jahr

Geschenke

Meine Partygäste


Jahr

Geschenke

Meine Partygäste

FOTO

Jahr

Geschenke

Meine Partygäste

Jahr

Geschenke

Meine Partygäste

Jahr

Geschenke

Meine Partygäste

Jahr

Geschenke

Meine Partygäste

Jahr

Geschenke

Weihnachtsessen


Jahr

Geschenke

Weihnachtsessen


Jahr

Geschenke

Weihnachtsessen


Jahr

Geschenke

Weihnachtsessen

# BESTE FREUNDE

Name
_____

Name
_____

_____

_____

Am liebsten machen wir

Am liebsten machen wir

_____

_____

_____

_____

_____

_____

Name _____

Am liebsten machen wir _____

_____

_____

Name _____

Am liebsten machen wir _____

_____

_____

MEIN ALLERBESTER FREUND

# MEIN LIEBLINGSESSEN

# SO VERBRINGE ICH MEINE FERIEN

FOTO

# SO VERBRINGE ICH MEINE FERIEN

# MEINE LIEBLINGSPLÄTZE

MEINE HELDENTATEN

# NERVIGE ANGEWOHNHEITEN

KUNSTSTÜCKE

# BESUCH IM HUNDESALON

FOTO

# BADETAG

# PFOTENABDRÜCKE

# TRAINING

_____

_____

_____

_____

_____

_____

_____

_____

_____

_____

_____

_____

_____

_____

_____

_____

_____

# MEINE LIEBSTEN AUSFLÜGE

FOTO

Flohbehandlungen

Termin _____ Termin _____ Termin _____ Termin _____

_____ _____ _____ _____

_____ _____ _____ _____

_____ _____ _____ _____

_____ _____ _____ _____

_____ _____ _____ _____

_____ _____ _____ _____

_____ _____ _____ _____

_____ _____ _____ _____

_____ _____ _____ _____

_____ _____ _____ _____

_____ _____ _____ _____

_____ _____ _____ _____

# BESUCHE BEIM TIERARZT

| Termin | Krankheit | Behandlung |
| --- | --- | --- |
| | | |
| | | |
| | | |
| | | |
| | | |
| | | |
| | | |
| | | |
| | | |
| | | |
| | | |
| | | |
| | | |
| | | |

# WURMKUR

Termin _____

Termin _____

Termin _____

Termin _____

# IMPFUNGEN

| Termin | Impfungen | Termin | Impfungen |
|--------|-----------|--------|-----------|
|        |           |        |           |
|        |           |        |           |
|        |           |        |           |
|        |           |        |           |
|        |           |        |           |
|        |           |        |           |
|        |           |        |           |
|        |           |        |           |
|        |           |        |           |
|        |           |        |           |
|        |           |        |           |
|        |           |        |           |
|        |           |        |           |
|        |           |        |           |
|        |           |        |           |

# WICHTIGE ADRESSEN

Name

Adresse

Telefon


Name

Adresse

Telefon


Name

Adresse

Telefon


Name

Adresse

Telefon

Nathalie Giacomelli

**Bibliografische Information Der Deutschen Bibliothek**
Die Deutsche Bibliothek verzeichnet diese Publikation in der Deutschen
Nationalbibliografie; detaillierte bibliografische Daten sind im Internet über
http://dnb.ddb.de abrufbar.

© 2005 by Rachael Hale Photography Limited, Neuseeland

Erstveröffentlichung lizenziert von Rachael Hale Photography Limited 2005
durch PQ Publishers Limited, 116 Symonds Street, Auckland, Neuseeland.
Titel der Originalausgabe: My Dog Record Book

© der deutschen Ausgabe Egmont vgs verlagsgesellschaft mbH, Köln 2005

Redaktion: Alexandra Panz
Produktion: Susanne Beeh
Gestaltung: Kylie Nicholls
Satz: Achim Münster
Printed by Everbest Printing, China
ISBN 3-8025-1671-0

www.vgs.de

DOG

PUPPY

CHIEN

CANE

HUND

CHIOT

WELPE

HOND